Visite au musée

À Kassim, Kinan et Karami,
les trois petits chéris de Mamé Hélène.
M.

www.flammarion-jeunesse.fr

Éditions Flammarion – 87, quai Panhard-et-Levassor – 75647 Paris Cedex 13
ISBN : 9782081511415 – N° d'édition : L.01EJEN001766.A002
Dépôt légal : avril 2020
Imprimé en Espagne par Liberdúplex – février 2021
Loi n° 49-956 du 16 juillet 1949 sur les publications destinées à la jeunesse

Visite au musée

Texte de
Magdalena

Illustrations
d'**Emmanuel Ristord**

CASTOR POCHE

Basil
Réda
Samir
Léo
Selma
Alice
Lou
Fatou
Tim
Mia
Noé
Léa
Ana
Téo
Bob
Luc
Notre classe de CE1

Après l'histoire, tu trouveras des jeux et des activités page 34 !

C'est le grand jour. La classe va au musée.
À la descente du bus,
Maître Luc compte ses élèves.
Mais Réda, qui refait ses lacets,
échappe à sa vigilance.
La maman de Mia recompte avec Maître Luc.
Entre-temps, Réda s'est relevé.
« Cette fois-ci, le compte est bon ! »
dit Maître Luc, qui a toujours peur
de perdre un élève en route.

MUSÉE

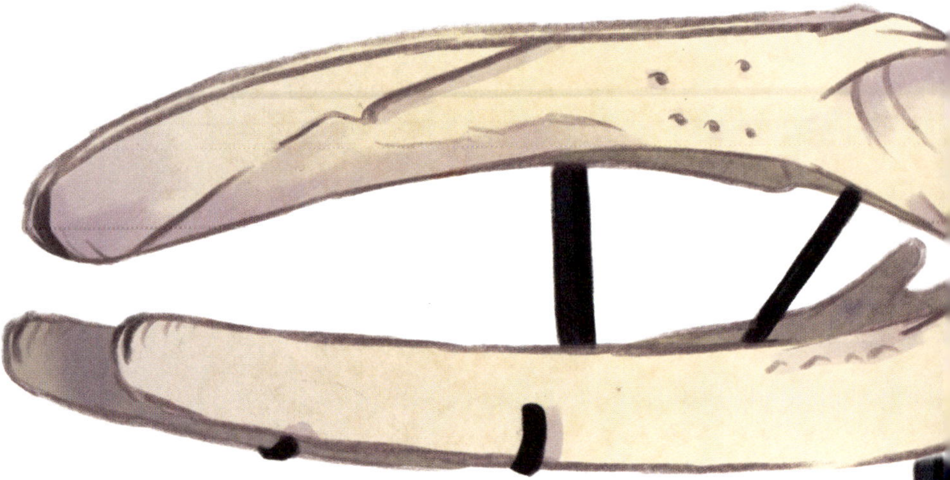

Dans l'entrée du musée,
les élèves se retrouvent face à un grand nombre de squelettes d'animaux sauvages.
Les CE1 sont impressionnés.
Basil s'écrie :
« Wahou, balaise la baleine !
– C'est grand et ça fait peur », dit Mia.

« T'as pas tout vu, y a encore plus grand ! »
dit Bob en pointant du doigt
un immense dinosaure.
Mia lève la tête et recule, effrayée.
« De quoi t'as peur ? C'est qu'un tas d'os,
il peut pas te manger ! »
dit Bob pour la rassurer.
Puis il ajoute :
« C'est un diplodocus, et il a même
un petit surnom : Dippy.
Regarde, c'est marqué ici. »

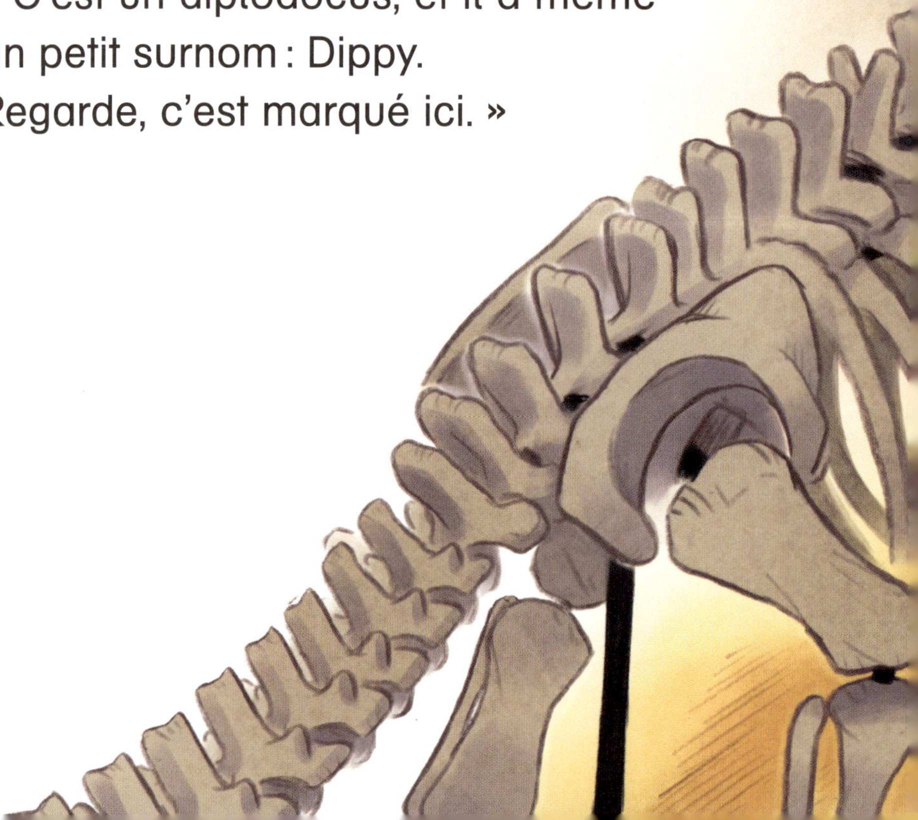

Une guide rejoint la classe.
Avant de commencer la visite,
elle leur donne des informations.

Maître Luc complète
avec des recommandations :
« On ne touche pas les squelettes.
On ne fait pas peur à ses camarades.
On ne crie pas.
On ne court pas… »

À la fin de l'énumération des interdits,
Bob chuchote :
« C'est pire qu'à l'école ! »

Maître Luc et la guide distribuent
à chaque élève un petit carnet
et un crayon à papier.
« Voici un questionnaire à remplir,
et des devinettes », explique la guide.

Basil feuillette le carnet.
Il voit les dessins de deux squelettes et s'écrie :
« Oh, y a un rhinocéros et un dinoféroce ! »
Les filles gloussent.

Les élèves s'éparpillent dans la grande salle :
un groupe avec Maître Luc,
un autre avec la guide
et le dernier avec la maman de Mia.

Réda, qui est passionné par les os,
avance de son côté sans se soucier
de la guide.
Il note le nom des squelettes qu'il croise.

Tout à coup, quand il relève le nez
de son carnet, Réda se retrouve tout seul.
Il a perdu son groupe.

Il se sent minuscule au milieu des squelettes.
Cela lui fait froid dans le dos.
Réda imagine que la mâchoire du tyrannosaure
va se refermer sur sa tête pour l'engloutir.
Il recule, effrayé.

En reculant, Réda manque de tomber
sur Samir qui, accroupi derrière lui,
dessine le dinosaure.
« Fais attention ! »

Réda sursaute et crie.
Puis, soulagé, il réalise
qu'il a retrouvé son groupe.

« Tu es tout blanc, lui dit la guide.
– J'ai eu chaud », répond Réda,
qui veut lui dire qu'il a eu peur.

Avec son groupe, la maman de Mia observe une vitrine remplie de crânes, de mains et de moulages de cerveaux.

« C'est le musée des horreurs ! »
murmure Mia, effrayée.
Bob et Basil adorent !
Ils s'amusent à compter les dents.

Maître Luc et son groupe comptent tous les squelettes de la grande salle. Maître Luc pose sa main à côté de la patte d'un dinosaure pour comparer les tailles.

Ana dit :
« Ici, Maître, vous ne seriez pas le chef.
Vous êtes trop petit.
– Parce que je suis le chef à l'école ? demande Maître Luc.
– Le grand chef du troupeau des élèves », répond Léa en riant.

À la fin de la visite, les trois groupes se retrouvent sur le balcon pour admirer la grande salle d'en haut.
Téo et Noé s'amusent à faire peur aux filles.
« Regardez le panorama au lieu de faire les imbéciles », leur dit Maître Luc.
Mia, qui préfère rester loin des squelettes, dit :
« D'en haut, c'est plus beau ! »

Une fois la visite terminée,
la classe va se promener
dans le jardin du musée.

Au milieu, il y a une immense sculpture de fer.
« C'est un éléphant ? demande Mia.
– Non, c'est un mammouth »,
répond sa maman.

Assis sur les bancs,
les enfants dessinent le mammouth.

« Les squelettes, ça creuse ! dit Réda.
– Moi, j'ai une faim de mammouth ! dit Basil.
– Et moi, j'ai les crocs ! dit Bob.
– J'ai compris, vous voulez pique-niquer, dit Maître Luc.
– Ouiiiii ! » crie la classe.

Maître Luc, Basil, Bob et Réda vont chercher dans la soute du bus le gros sac de pique-nique.

Pendant dix minutes,
les élèves ne parlent plus,
ils mangent leurs sandwichs et leurs chips.

« C'est trop bien, dit Samir, la bouche pleine.
– Oui, j'ai adoré ! ajoute Réda,
qui a déjà englouti son sandwich.
– Je vois que la visite vous a plu,
dit Maître Luc tout content.
– Euh, on parlait du pique-nique,
rectifie Samir.
– Mais les os, c'était bien aussi ! » dit Réda.

Je joue pour bien comprendre

1 **Trouve les 5 erreurs** dans ce résumé du livre.

Les CE1 vont au musée avec Maître Luc
et le papa de Mia.
Réda se perd en regardant les crânes.
La grosse baleine lui fait soudain très peur.
À la fin de la visite, tout le monde
se retrouve dans le sous-sol,
puis c'est le moment du goûter.

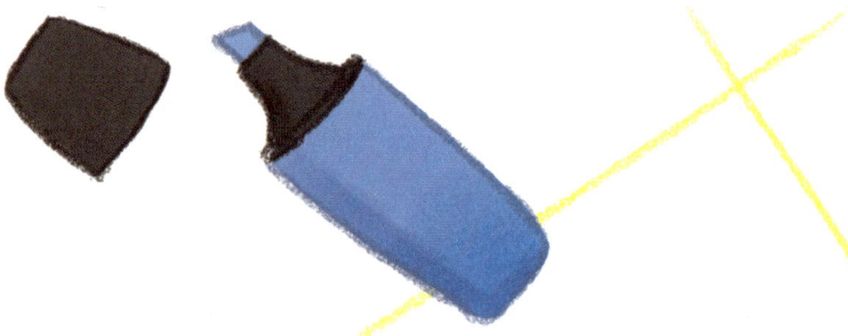

Réponse : le papa = la maman ;
les crânes = les os ; la grosse baleine = le tyrannosaure ;
dans le sous-sol = sur le balcon ;
du goûter = du pique-nique.

2 **Qui a dit quoi ? Associe** chaque phrase au bon personnage.

1. C'est qu'un tas d'os, il peut pas te manger !

2. On ne touche pas les squelettes.

3. Voici un questionnaire à remplir.

4. Oh, y a un dinoféroce !

5. C'est le musée des horreurs !

a. La guide

b. Bob

c. Basil

d. Mia

e. Maître Luc

Réponse : 1-b ; 2-e ; 3-a ; 4-c ; 5-d.

Je joue avec les musées

1 **Trouve l'intrus :** l'objet que tu ne peux pas voir dans un musée.

Réponse : l'arbre.

2 Le stégosaure était un dinosaure herbivore. **Qu'est-ce qu'il mangeait ?**

1. de tout
2. de l'herbe et des plantes
3. de la viande

3 **Et toi ? Raconte…**

Es-tu déjà allé(e) visiter un musée avec ta classe ou avec tes parents ?
Qu'est-ce que tu as vu ?
Est-ce qu'il y avait un guide pour vous donner des explications ?
Qu'est-ce que tu as appris ?
Et qu'est-ce que tu préféré ?

Réponse : Les animaux herbivores se nourrissent d'herbe et de plantes.

Je suis en CE1

Retrouve les histoires de **Je suis en CE1** pour t'accompagner tout au long de l'année dans la maîtrise de la lecture autonome.

Premier jour de classe

À la bibliothèque

La photo de classe

Une dent perdue

Opération jardinage

Allez les champions !

Au poney-club

Tous à vélo !

Billes, toupies et compagnie

T'es plus ma copine !

La gorge qui grattouille

Maître Luc est amoureux

Visite au musée

Téo a une petite sœur

Selma veut danser

Le voyage à Paris

Sortie à la patinoire

Quelles histoires as-tu déjà lues ?
Quelle est ta préférée ?
Lesquelles aimerais-tu lire ?

Découvre aussi

Les maths du CE1
3 titres parus

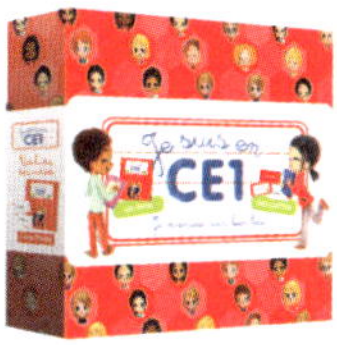

Je m'amuse pour bien lire

Les nouveaux copains

Si tu veux contacter l'auteure,
tu peux aller sur son blog :
www.magdalena-auteur.com